SCHWARZWALD
BLACK FOREST

SCHWARZWALD
BLACK FOREST

Photographie
Achim Käflein

Text
Dorothee Philipp

edition-kaeflein.de

Inhalt

Tiefe Wälder – Sonnige Höhen   6

Der Maskenschnitzer   18

Fasnachtstreiben   32

Das Schiltacher Fachwerk   44

Der Bollenhut   56

Schwarzwälder Portraits   66

Das Freiburger Münster   80

Die Klosterbibliothek von St. Peter   92

Der Dom von St. Blasien   104

Die Kuckucksuhr   116

Die Kunst der Trachtenherstellung   130

Contents

Dark Forests – Sunny Peaks 7

The Mask Maker 19

Going wild on Shrove Tuesday 33

Schiltacher Framework Architecture 44

The Bollenhut 57

Black Forest Portraits 66

The Minster in Freiburg 81

The Seminary Library at St. Peter 92

The Cathedral at St. Blasien 104

The Cuckoo Clock 117

The Art of Traditional Costume-Making 131

Tiefe Wälder – Sonnige Höhen

Tiefe dunkle Wälder, einsame Höhen, verwunschene Lichtungen, abgelegene Gehöfte – war es im Schwarzwald, wo sich Hänsel und Gretel verirrten? Hexen und andere Spukgestalten gibt es in den Legenden des Schwarzwaldes zuhauf. Das Gebirge, das sich in Deutschlands südwestlichster Ecke entlang des Rheins hinzieht, hat mit seiner Unergründlichkeit die Menschen zu allen Zeiten tief beeindruckt. Doch die „pfeilerreichen Hallen" die von „herrlichem Kirchendüster durchzogen" sind, wie es der Reisende Mark Twain 1880 in seinem Reisebericht „A Tramp abroad" festhält, sind nur die eine Seite. Denn andererseits ist der Schwarzwald bereits seit zwei Jahrtausenden durchzogen von wichtigen Wegeverbindungen: so legten die Römer eine Straße an, die vom Rheintal durch das Wagensteigtal auf den Schwarzwald führte, lange bevor das Höllental erschlossen wurde. Eine

weitere Straße führte von der alten Keltensiedlung Zarten durch das Eschbachtal auf die Höhen um St. Peter und St. Märgen. Die Hochebene um den Turner und die Kalte Herberge wurde ferner von Denzlingen über das Glottertal erschlossen und von Osten her über das Urachtal. Im elften Jahrhundert entstanden die Klosteranlagen von St. Peter und St. Märgen, in deren Mauern kunstsinnige Äbte und gelehrte Mönche wirkten. In Reichweite von einer oder zwei Tagereisen lagen die Bischofs- und Universitätsstädte Straßburg, Freiburg und Basel, sowie im Osten die alte Zähringergründung Villingen.

Auch weiter im Norden sind historische Trassen eines Fernwegenetzes belegt.

Kaufleute und Pilger, fahrendes Volk und Wanderburschen waren zu Friedenszeiten im Schwarzwald unterwegs. Die Schwarzwälder Glasmacher verkauften ihre Waren bis ins Rheinland hinunter. Das Geschick der Waldbewohner im Umgang mit Holz, aus dem sie die verschiedensten Gebrauchsgegenstände fertigten, die sie hübsch verzierten, hatte einen schwungvollen Handel in Gang gebracht. Teller, Schüsseln, Löffel, Truhen, Spanschachteln und andere nützliche Dinge aus dem Schwarzwald waren als Handelsware begehrt.

Ein Heimatforscher stellt 1892 fest: „Es war das wichtigste Ereignis in der Geschichte des Schwarzwaldes, als diese altvererbte Geschicklichkeit der Holzbearbeitung zum ersten Mal angewendet wurde, um eine Uhr zu schnitzen". Wer damit angefangen hat, ist nicht sicher nachzuweisen, aber die Ursprünge der Schwarzwälder Uhrmacherkunst liegen auf den Höhen um Thurner und Kalte Herberge, wo sich ein wichtiges Drehkreuz von Handelsstraßen befand. Geschickt im Handel, fleißig im Handwerk, genial im Erfinden waren die Schwarzwälder zu allen Zeiten. Dass dies immer noch so ist, belegt zum Beispiel eine lange Tradition feinmechanischer Betriebe, die es teilweise zu Weltruhm gebracht haben. Und mitten im Schwarzwald, in Furtwangen, gibt es seit 150 Jahren eine technische Hochschule, deren Absolventen

Dark Forests – Sunny Peaks

Dark forests, solitary peaks, enchanted clearings, remote farmyards – was it the Black Forest where Hansel and Gretel went missing? The legends of the Black Forest tell of witches and other ghostly figures aplenty. The air of mystery of this mountain range, stretching along the Rhine in Germany's most south-westerly corner, has left a lasting impression among people since time began. But the "pillared halls" imbued with "glorious ecclesiastic gloom" are merely the one side of the coin, as Mark Twain recorded in his "A Tramp Abroad" in 1880. On the other hand, many trade routes have cut a swathe through the Black Forest over two millennia: the Romans laid a route from the Rhine Valley through the Wagensteig Valley into the Black Forest long before the Höllental, Hell's Valley, was accessed. A further route led from the ancient Celtic settlement at Zarten through the Esch Valley up to the plateaux around St. Peter and St. Märgen. The plateaux at the Turner and the Kalte Herberge mountains were connected with Denzlingen through the Glotter Valley and from the East via the Urach Valley. In the 11th century the ecclesiastic settlements at St. Peter and St. Märgen with their artistically-minded monks and abbots were founded. Only a day or two away on foot were the university and episcopal cities of Strasbourg, Freiburg and Basel, or the old settlement at Villingen in the east which had been founded by mediaeval chieftains, the Zähringer.

Further to the north lie the historic remains of ancient trade routes on which traders and pilgrims, itinerants and travelling tradesmen made their way through the Black Forest during war-free periods. The glassblowers in the mountains sold their goods all the way into the Rhine Land. The locals' skilful woodwork, creating an array of beautifully decorated products, set up a booming business. Plates, bowls, spoons, chests, wooden jewellery boxes and other useful objects from the Black Forest were much sought-after products for trading.

A local historian observed in 1892 that "the most important event in the history of the Black Forest was when these age-old traditions, handed down over generations, were used for the first time to create a clock". Who did actually make the first clock cannot be completely ascertained, but the art of clock-making in the area has its origins in and around the Thurner and the Kalte Herberge, where an important crossing along the trade routes was located. The locals in the Black Forest were always clever in business, hard-working and highly inventive. That this has remained so can be seen in the long tradition of precision engineering in the area that enjoys world-wide renown, and in technical university in Furtwangen at the heart of the Black Forest whose graduates have enjoyed great respect in commerce and science for over

in Wirtschaft und Wissenschaft ein hohes Ansehen haben. Furtwangen hat außerdem nicht nur ein weltbekanntes Uhrenmuseum, sondern auch ein Rechnermuseum, in dem die Fortschritte der elektronischen Datenverarbeitung seit 1982 dokumentiert und die dazu gehörenden Ausstellungsstücke gesammelt werden.

Die Klischees, die mit dem Schwarzwald weltweit in Verbindung gebracht werden, sind so falsch gar nicht. Hohe Tannen, Bollenhüte und Kuckucksuhren sind prägnante – leider manchmal auch bis zur

Unerträglichkeit verkitschte – Symbole für eine Kulturlandschaft, deren Wurzeln heute noch zu sehen und zu erleben sind. Die Tannen stehen für eine einzigartige Natur, der Bollenhut für das weltoffene Selbstbewusstsein, das alle Schwarzwälder Trachtenträgerinnen und -träger verkörpern und die Kuckucksuhr für den Erfindungsreichtum der Schwarzwälder und ihr handwerkliches Geschick, dessen Tradition lückenlos bis in unsere Zeit reicht.

Der Schwarzwald lässt sich auf vielerlei Arten entdecken. Nichts jedoch geht über das Erlebnis, das die Fortbewegung in der freien Natur vermittelt. Der „Klassiker" wurde bereits 1900 eingeweiht: Auf 285 Kilometern erschließt der Westweg des Schwarzwaldvereins zwischen Pforzheim und Basel die schönsten Ecken des Schwarzwaldes. Einsame Wälder wechseln mit prächtigen Aussichtspunkten ab, es geht vorbei an wilden Gebirgsbächen, stillen Seen und versteckten Hochmooren. Ein einzigartiges Erlebnis ist es, den Westweg im Ganzen zu wandern. Kein Eindruck von dem vielgestaltigen Mittelgebirge ist nachhaltiger und umfassender. Weitere Fernwanderwege wurden nach dem Westweg noch angelegt: der Mittel- und der Ostweg, mehrere Querwege und der Weg von Freiburg zum Bodensee, dazu in jüngerer Zeit Wege auf den Spuren der Jakobspilger oder des Heimatpfarrers Heinrich Hansjakob. Wandern ist nach wie vor die beliebteste Art, den Schwarzwald zu erleben. 23000 Kilometer markierte Wanderwege laden zu Entdeckungsreisen ein. Die Fortbewegung zu Fuß hat in jüngerer Zeit Gesellschaft bekommen. Mountainbiker finden hier ein ideales Terrain, Nordic Walking ist im Schwarzwald ein Genuss. Die kräftigen Aufwinde an der Westflanke tragen Drachenflieger hoch in die Lüfte. Und erst der Winter! Auf Langlaufskiern durch tief verschneite Wälder dahingleiten, Tierspuren beobachten, in abgelegenen Gehöften oder kleinen Skihütten einkehren.

150 years. Apart from this, Furtwangen not only has a Clock Museum known all around the world, but also a museum documenting the history of the computer in which the progress of electronic computing since 1982 has been recorded and put on show.

The clichés that surround the Black Forest all around the world are not all that incorrect it seems. Tall pine-trees, traditional "Bollenhut" bobble hats and cuckoo clocks are significant, if sometimes unbearably kitschy symbols of a culture whose roots can still be seen and experienced today. The pine-trees stand for a unique landscape; the "Bollenhut" for the openly self-consciousness embodied in those who wear the Black Forest's traditional costumes; and the cuckoo clocks represent the inventiveness and tradesmanship in the area with an unbroken tradition right up to the present.

The Black Forest can be experienced in many ways, but none beats the experience of travelling through the unspoiled countryside. This classic experience was created in 1900 with the opening of the Black Forest Society's 285 km long West Route through the most beautiful corners of the mountains between Pforzheim and Basel. Lonely forests are interspersed with incredible viewing-points, moving on past wild mountain streams, quiet lakes and hidden highland moors: it is an incom-

parable experience to walk along the entire West Route. No experience of the varied mountain range is more complete or longer-lasting. Further long-distance walking routes have followed the opening of the West Route: the Middle and East Routes, numerous connecting paths, the Freiburg-Lake Constance Route and in recent times paths along the St. Jacob pilgrims' path or following the footsteps of the local priest Heinrich Hansjakob. Walking is still the most popular way to discover the Black Forest, with its 23,000 km of sign-posted routes enticing visitors to discover the mountains. In recent years walking has been joined by other forms of activity such as mountain-biking, for which the area offers an absolutely ideal landscape, or Nordic Walking, which is a pleasure in the mountains. The strong winds on the western peaks lift hang-gliders high into the air. And what about the winter, when one can glide through snowy woods on cross-country skis, follow animal tracks and enjoy a break in isolated farmhouses or in small après-ski bars.

Ruhige Abendstimmung am Titisee   A quiet evening at Titisee

Blick vom Schauinsland zum Hinterwaldkopf
und Feldberg

The view from the Schauinsland mountain towards
Hinterwaldkopf and the Feldberg mountain

Der Schluchsee ist ein Paradies für Wassersportler.
Im Hintergrund die Kaiserbucht

The Schluchsee lake is a water-sports paradise.
In the background is the Kaiserbucht bay

Weiter Blick über die Höhen des südlichen Schwarzwaldes The southern Black Forest stretching into the distance

Der Maskenschnitzer

Wildmännerlarve, Teufelsmaske oder „Bäregfriss"? Mundle oder Lätsch? Die Maske macht's bei den Elzacher „Schuttig", einer der prominentesten und ältesten Narrenfiguren des Schwarzwaldes. Das Kostüm gibt es in nur zwei Varianten: den roten Zottelanzug oder das gepunktete Kleid des „Rägemolli" (Feuersalamander), aber die Larven!

Fünf Grundformen kennen die Schuttig, mit unzähligen Abwandlungen. Andreas Lang hat gleich mehrere im Schrank, die er nach Lust und Laune hervorholt, wenn die fünfte Jahreszeit angebrochen ist. Dabei hat er keine einzige gekauft, denn er macht sie selber, die Larven aus Lindenholz, wie sie auch schon sein Vater Franz gemacht hat. „Eine Fasnachtslarve ist kein Wandschmuck", erklärt er, und das hat etwas mit der Gebrauchsfestigkeit zu tun. Denn das „zweite Gesicht" muss im Notfall einiges aushalten. Da geht es bei der Herstellung nicht nur um Inspiration, sondern vor allem um solides Handwerk. Das Lindenholz eignet sich gut zum Schnitzen, weil es gleichmäßige Jahresringe bildet und nicht zu spröde ist, sagt der Fachmann.

In der Elzacher Werkstatt nehmen sie ihre Anfänge, die Narrengesichter, die Lang manchmal dann später auf Fernsehbildern von großen Umzügen wiedersieht. Er schnitzt für Narrenzünfte zwischen Basel und Heilbronn, zwischen Breisach und Ulm. Der anhaltende Gründungsboom neuer Fasnachtszünfte verschafft ihm Aufträge. Zuerst kommt die Abordnung und erläutert ihre Vorstellungen von der neuen

Figur, die meist etwas mit der Geschichte des betreffenden Ortes zu tun hat. Nachdem eine Skizze angefertigt ist, schnitzt Lang eine Mustermaske, die im Verein herumgereicht und anprobiert wird. Und dann geht die Neuschöpfung in Serie.

Am Anfang steht ein Block aus Lindenholz. Zuerst mit einem groben Stechbeitel und kräftigen Schlägen mit dem Holzhammer, dann mit immer feineren Werkzeugen holt der Holzbildhauer das Gesicht heraus, bis jedes Barthaar, jede Falte, jeder Zahn und jedes Teufelshörnchen richtig sitzt und die Mimik zu leben beginnt. Zum Schluss wird das Ganze grundiert und damit auch die Farbe des Gesichts vorgegeben: bleich wie der Tod oder schwärzlich, wie vom Höllenfeuer versengt. Eine weitere Schicht, und Wangen und Nase haben das gewünschte „Rouge". Und wieder eine aus Temperafarben und Haare, Mund und Augen sind fertig bemalt. Jetzt noch dreimal eine Klarlackschicht drüber und die Maske hält auch bei Regen- und Schneewetter stand, was zur Fasnachtszeit keine Seltenheit ist. Pro Saison verlassen so etwa 150 Fasnachtsmasken, nach den strengen Vorgaben ihrer künftigen Träger gefertigt, die Elzacher Werkstatt. Und sollte einmal eine Nase zu Bruch gehen oder ein Hörnchen absplittern, der Meister flickt das Ganze wieder, dass es aussieht wie neu.

The Mask Maker

A "Wild Man" mask, a devil mask, or a "Bäregfriss"? "Mundle" or "Lätsch" (names of witches)? The mask is what makes the Elzach "schuttig", one of the oldest and most renowned clown figures in the Black Forest, so special. The costume comes in two varieties: a red suit made of shaggy hair or the polka-dotted dress of the "Rägemollie" (fire salamander). And the masks?

The "schuttig" has five basic shapes with numerous variations. Andreas Lang has plenty in his closet which he takes out whenever he pleases, as long as the so-called "fifth season", the carnival season before Shrove Tuesday, has begun. He has not purchased a single one, because he makes them out of linden wood himself, just like his father Franz before him. "A carnival ("Fasnacht" in the local jargon) mask is not made for hanging on the wall", he explains, and that is why the "second face", which sometimes has to put up with some amount of wear and tear, is so hardy. Solid craftsmanship, not only inspiration, is the name

of the game. The linden wood is perfect for wood-carving because its annual rings grow extremely evenly and it is not too rough, says the expert.

In his workshop in Elzach the clown-faces take shape and Lang has often spotted them on television when larger parades for whom he prepares masks, from Basel to Heilbronn, Breisach to Ulm, are shown. The ongoing rise in the number of "Fasnacht" societies provides him with enough work. First of all the societies' representatives come and provide him with their ideas for the new masks, which are usually related to the history of their localities. After a sketch has been prepared, Lang carves a sample mask to be tested out among the society members. Then the new creation goes into production.

At the beginning there is simply a block of wood. Then armed with a chisel and with strong blows from a wooden hammer, followed by increasingly precise instruments, the wood-carver shapes the face until every blade of beard hair, every wrinkle, every tooth and every devil's horn sits perfectly, and then the face begins to come to life. Finally, the mask is primed, creating the facial colours on the mask: deathly pale or black, as though singed by hell's flames. With a further layer the cheeks and nose have the required blush. Another layer with tempera colours and the hair, mouth and eyes are ready. To finish off, three layers of clear varnish and the mask can take any rain or snow nature throws at it, which is not unusual around Shrove Tuesday. Every year around 150 masks go through the workshop in Elzach, created according to the strict requirements of their future wearers. And if a nose gets broken or a horn breaks off, the master himself carries out the repairs so they look as good as new.

Lindenholz eignet sich am besten für Fasnachtsmasken. Mit viel
Geduld und handwerklichem Geschick verleiht der Holzbildhauer
der Maske ihre individuellen Züge. Manch eine ist dem Gesicht ihres
Trägers nachempfunden.

Linden wood is ideal for creating carnival masks. The wood-carver
gives each mask a unique look with much patience and craftsmanship.
Some masks are even modelled on their owners' features.

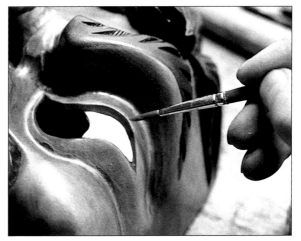

Nach dem Schnitzen werden die Masken mit Temperafarben bemalt wie diese Wildmännerlarve.

After being carved the masks are painted with tempera
colours, just like this "Wild Man" mask here.

Elzacher Schuttig
oben: Teufel
rechts oben: Eberzahn
rechts: Teufel

oben: Rottweiler Gschell
links oben: Rottweiler Federahannes
links: Ankele-Hexe Schweighausen

Windbuchen am Schauinsland   Beech trees on the Schauinsland

Schnee und Raureif verwandeln die Buchen auf dem Schauinsland in bizarre Skulpturen.

Snow and frost turn the beech trees on the Schauinsland into curious ice sculptures.

Der Winter verzaubert die Bäume.   Winter weather makes the trees magical.

Fasnachtstreiben

Eigentlich bin ich ganz anders, nur komm' ich so selten dazu (Horváth)

...aber in der „fünften Jahreszeit" dafür umso öfter und heftiger! Dabei hat die alemannische Fasnacht den Vorzug vor der rheinischen, dass sie weit hinunter gräbt in die mystischen Wurzeln heidnischen Brauchtums. Und dort einiges zutage fördert, was auch noch dem „modernen" Narren eine Identität vermittelt, die weit über das Zusammengehörigkeitsgefühl in einer gleich gewandeten und maskierten Gruppe hinausreicht: Man ist sozusagen mit allen Narrengestalten und deren Vorbildern von Anbeginn an verbunden.

Zwar gab es eine Zeitlang den Trend die Formen der Rheinischen Fasnacht auch in Süddeutschland zu übernehmen, mit ihren Prunksitzungen, den noblen Saalfastnachten und den wohlgesetzten Büttenreden. Auf diese Weise versuchten sich die Leute vom „gemeinen" Volk und seinen derben, bisweilen auch geschmacklosen Späßen zu distanzieren. Die streng organisierten Narrenzünfte pflegen inzwischen wieder die reine Tradition und die Zunftmeister versuchen mit mahnenden Worten den allzu heftigen Auswüchsen der entfesselten Narretei Einhalt zu gebieten. Aber die schwäbisch-alemannische Fasnacht mit ihrem handfesten Schabernack war noch nie etwas für allzu zart besaitete Gemüter...

Auch wenn neu kreierte Fasnachtsgestalten wie Pilze aus dem Boden sprießen, wie ein Traditionshüter säuerlich anmerkt – den Urtypen der schwäbisch-alemannischen Fasnacht, wie sie in ihren katholischen Hochburgen im Schwarzwald gefeiert wird, hat das nicht geschadet. Da ist zuallererst einmal der Teufel, das Abbild des Bösen schlechthin und der „Wilde

Mann", ein naher Verwandter. Ihre Fratzen beschäftigten Generationen um Generationen von Maskenschnitzern, denn eine echte Fasnachtsmaske ist aus Holz und ihr Anblick ist furchterregend, auch wenn begabte Maskenschnitzer die Gesichtszüge des künftigen Besitzers gekonnt mit einarbeiten. Das weibliche Pendant dazu, die Hexe, ist nicht minder schauerlich. Furcht und Schrecken verbreiten wollen auch die Tiergestalten, die bereits im Mittelalter als Allegorien der Darstellung der sieben Hauptsünden dienten. So standen beispielsweise der Esel für die Dummheit, der Hahn für Streitlust und Geilheit und der Fuchs für Verschlagenheit. Ein ganz besonderer Fall unter den alemannischen Narrentypen sind die „Hansele". Sie stellen mit ihren glatten, lächelnden, androgynen Gesichtern nicht etwa die schöne Gegenwelt zu den wilden Dämonenfratzen dar, sondern „verkörpern die Täuschung und Verführung der Menschen durch äußerlich schöne Sendboten der Hölle", wie ein Fasnachtsforscher feststellte. Das „Hansele" ist auch der verkörperte Tölpel und Spaßmacher Hanswurst, der als Harlekin in der italienischen Commedia dell'Arte ab Mitte des 16. Jahrhunderts sein Wesen treibt. Das Rosshaarkränzchen, das etliche der Hansele-Masken umgibt, soll von den barocken Allonge-Perücken inspiriert sein. Unzählige Schellen und Glöckchen am

Narrengewand, Holzrätschen oder auch „Saublodere", aufgeblasene Schweinsblasen, sorgen dafür, dass der Narrenzug auf keinen Fall geräuschlos abläuft.

Going wild on Shrove Tuesday

In reality, I'm very different, but I only get around to it so seldom (Horváth)

… but during the "fifth season" all the more often and intensively! And the "allemanische Fasnacht", south-west Germany's carnival on Shrove Tuesday, is much preferable to its equivalent in the Rhineland, around Cologne, because it reaches back into the mystical roots of heathen tradition. And in doing so it brings something special to the surface that defines the 'modern' clown's ("Narr") identity to the present day, something that goes well beyond a simple communal feeling of belonging to a like-minded and masked group: each clown is, in a manner of speaking, related to all clowns, and all their forefathers since time immemorial.

There was indeed a time when a trend towards adopting the Rhine Land's style of carnival, with their lively evenings of pomp and circumstance in noble surrounds and the highly stylized carnival jester's speech. This was an attempt to distance oneself from the "commoners" with their dirty, often tasteless jokes, but the well-organised Clowns' Guilds and their organisational bodies have recently turned their attention to reviving the older traditions. The Masters of the Guilds also have to try and keep control over the more lively activities of the unrestrained tom-foolery with a few well-chosen warnings. The Swabian-Allamanic Carnival season with its pranks was never anything for gentle souls, however ….

And even if new Fasnacht figures keep springing up like mushrooms, as one traditionalist bitterly noted, the original figures of the Swabian-Allamanic Fasnacht, as celebrated in the Catholic centres of the Black Forest, have not suffered too badly. These original figures include, first and foremost, the Devil, the epitome of evil, and the Wild Man, a close relative. Their 'mugs' have kept generation upon generation of mask-makers occupied, because a real Fasnacht mask is made of wood and looks terrifying, especially when truly gifted mask-makers include the features of the present owners' faces in their work. The female equivalent, the witch, is no less terrifying. Horror and fear are also spread by the animal figures which have been used since the Middle Ages to represent allegorically the seven deadly sins. Donkeys stood, for example, for foolishness, the rooster for quarrelsomeness and lewdness, the fox for slyness.

The "Hansele" are exceptional among the Allamanic clowns. With their smooth, smiling, androgynous faces they represent not, as might be imagined, the beautiful antithesis to the wild demonic faces, but rather "embody the deception and seduction of man by the beautiful appearance of Hell's messengers", as a Fasnacht expert has noted. The "Hansele" is also the dumb fool "Hanswurst", the harlequin that has carried out his tricks in the Italian Commedia dell'Arte since the middle of the 16th century. The garland of horsehair surrounding most "Hansele" masks is said to have been inspired by the long wigs from the Barock period. Numerous bells on the clown's costume, wooden clogs or even "Saublodere" (a sort of bag-pipe made from pigs-bladder) mean that the clowns' parade will never pass off noiselessly.

Beim großen Narrentreffen ziehen Schuttig, Narro und Hänsele durch die Straßen.

The clowns Schuttig, Narro and Hänsele make their way through the streets during the carnival meeting.

Eine bildreiche Vielfalt an Masken und Kostümen stellt sich zur Schau.

A colourful array of masks and costumes

Die oberste Kaskade der Triberger Wasserfälle.
Von hier aus stürzen die Wassermassen der Gutach
163 Meter in die Tiefe.

The highest cascade at the waterfall at Triberg.
Here the river crashes from 163 metres into
the depths below.

Besonders im Winter bieten Deutschlands höchste Wasserfälle ein einzigartiges Naturschauspiel.
Das Wasser erstarrt zu märchenhaften Eisgebilden.

Especially in winter, Germany's highest waterfall provides a unique spectacle
with the water freezing into fairy-tale ice sculptures.

41

Eine tosende Wasserwand   A wild waterfall

Fachwerk in seiner schönsten Ausprägung – kein fremdes Stilelement stört das Stadtbild rund um den Schiltacher Marktpla↑

...ramework architecture at its most attractive. The Schiltacher market square is unspoiled by any other form of architecture.

Schiltacher Fachwerk

Edle Grafik in Schwarz und Weiß: Die Fachwerkfassaden von Schiltach sind in der Geschlossenheit ihres Erscheinungsbildes wohl einmalig. Kein fremdes Element stört den noblen Eindruck der Häuserreihen, die um den steilen, dreieckigen Marktplatz herum gruppiert sind. Das Schönste daran: In ihrem Inneren herrscht reges städtisches Leben, anders als in einem Freilichtmuseum. Mit aufwändigen Sanierungsprogrammen wurde in den vergangenen Jahren den Eigentümern die Modernisierung ihrer Anwesen ermöglicht, ohne deren Äußeres zu verändern. Dass die Stadt wie aus einem Guss wirkt, ist die Folge von verheerenden Bränden, nach denen sie immer wieder in kurzer Zeit aufgebaut wurde. Brandmauern waren zu jenen Zeiten unbekannt, die Häuser standen dicht an dicht, die Fassaden waren zudem oft mit Holz oder Schindeln verschalt, auf den Dachböden lagerte Heu und Stroh, ein Alptraum, auch für moderne Feuerwehren.

Schiltacher Framework Architecture

Noble images in black and white: the framework facades in Schiltach are unique in the absolute uniformity of their appearance. The impression made by the rows of houses grouped around the steep, triangular market square is unspoiled by other architectural styles. And best of all is the lively atmosphere within the town, making it better than any outdoor museum. The residents have been able to renovate their properties without changing these facades over recent years owing to extensive development plans. The uniformity of the town's buildings is the result of catastrophic fires, following which they were repeatedly rebuilt. Firewalls were unknown in those days, the houses stood tightly packed, add to this the fact that the walls were often covered with wood or shingle, with hay and straw stored in the attics, and a nightmare even for modern fire-fighters was the result.

1511 war der erste große Stadtbrand, von dem wenig überliefert ist, weil bei den Folgebränden jeweils das Rathaus mit dem Archiv ebenfalls ein Raub der Flammen wurde. Am Gründonnerstag 1533 folgte der zweite Großbrand. Hier soll der Teufel seine Hand im Spiel gehabt haben, der es mit einer Schiltacher Magd getrieben hatte. Was man sich landauf landab mit Grausen erzählte, veranlasste sogar den damals in Freiburg weilenden Erasmus von Rotterdam, seinem Freund Damian van Goes, Schatzmeister des Königs von Portugal, aus der sachlichen Distanz des Gelehrten zu berichten: „Ob alles, was gemeinhin darüber im Umlauf ist, der Wahrheit entspricht, wage ich nicht sicher zu behaupten...".

Am 26. August 1590 brannte es in Schiltach zum dritten Mal in jenem Jahrhundert. Innerhalb weniger Stunden waren die 36 Häuser der Innenstadt wiederum dem Erdboden gleich gemacht. Beim Wiederaufbau hatte Baumeister Heinrich Schickhardt (1558–1635) maßgeblich das Sagen, vor allem, was die Bebauung des Marktplatzes anging. „Die Straßen wurden abgesteckt und mit jedem Bauherrn die Art seines Neubaus besprochen. Es entstand das giebelseitig zur Straße gestellte Schiltacher Bürgerhaus mit massivem Erdgeschoss, in welchem die Stallungen untergebracht wurden, darüber zwei nur wenig vorgekragte Wohngeschosse in Fach- und Riegelwerkbauweise und als Abschluss ein Satteldach mit Unter- und Oberbühne", schreibt Stadtchronist Hermann Fautz. Der „schwäbische Leonardo", wie

Schickhardt heute ehrfurchtsvoll genannt wird, hat mit seinen genialen Entwürfen das Gesicht vieler Städte geprägt. 1608 wurde er zum herzoglich-württembergischen Landesbaumeister ernannt. In Schiltach trägt eine Straße seinen Namen.

Nach einem weiteren Brand 1791 verfügte Landesbauoberinspektor Groß, dass die Baufluchten um den Marktplatz zwei bis drei Meter zurückgesetzt wurden. Form und Größe der Fenster und Türen an den Neubauten waren genormt, nur bei der Ausführung des Fachwerks durften die Zimmerleute ihre Kreativität spielen lassen. Jedes Haus musste frei stehen, vom Nachbarhaus durch eine schmale Brandgasse getrennt.

Obwohl im Jahr 1833 nochmals eine Brandkatastrophe den Ort heimsuchte, blieb das Bild Schiltachs seit Schickhardt und Groß unverändert. Eine Stadt als architektonisches Gesamtkunstwerk. Besonders schön zur Geltung kommt dieses beim Schiltacher „Silvesterzug", einem alten Brauch, bei dem sich die Stadtbevölkerung am Altjahrsabend um halb neun auf dem Marktplatz sammelt und mit Kerzen und Laternen zum Pfarrhaus zieht, wo der Pfarrer vom Fenster aus eine Ansprache hält. Alles elektrische Licht bleibt zu diesem Anlass ausgeschaltet.

The first widespread fire in the town happened in 1511. Little is known of this first fire because the town hall containing the relevant archives also fell victim to later fires. The second disastrous fire happened on Maundy Thursday 1533. The devil who was having his wicked way with a maiden from Schiltach is said to have had his hand in the fire. This story made its way around the country to the horror of most listeners, and even Erasmus of Rotterdam who was staying in Freiburg at the time was forced to report in learned sobriety to his friend Damian of Goes, the King of Portugal's treasurer, "whether I can definitely say that everything doing the rounds has any grounds in truth". Schiltach was burned down a third time in a century on August 26th 1590 when 36 houses burned to the ground within only several hours. The head architect Henrich Schick-

named after the man who became the head architect in the Duchy of Württemberg in 1608. Following a further fire in 1791 the state building-officer Groß decreed that the building lines surrounding the market square should be moved back by two to three metres. The style and size of the windows were standardized. The builders were only allowed to exercise their creativity in designing the panels. Each house had to stand freely, separated from the other houses through a small alleyway.

Schickhardt and Groß's design in Schiltach has remained unchanged ever since despite a further fire

hardt (1558–1635) was mainly responsible for the reconstruction, especially in and around the market square. "The streets were marked out and the building style was discussed with individual house-owners. The typical Schiltach house with its gable-end facing the street contains a massive ground-floor with stables, above which are situated two, slightly protruding floors in panelled and framework style which house the living quarters, with a two-level span-roof above these again", writes the town chronicler Hermann Fautz.

The "Swabian Leonardo", as Schickhardt is nowadays known, shaped the look of countless towns with his brilliant designs. Schiltach nowadays has a street

in 1833, leaving behind an artistic architectural masterpiece in the town. The Schiltach "New Year's Parade" presents the town from its most beautiful side. This is an age-old tradition when all residents assemble on the market square at half past nine and, lit only by candlelight and lanterns, march to the rectory where the Priest holds a speech from his window. All the new-fangled electrical lights remain firmly switched off for this occasion.

Blick vom Gieshübel in Richtung Münstertal   The view from Gieshübel towards the Münster Valley

Bei Bonndorf   Near Bonndorf

Hochsommer im Schwarzwald   Summer in the Black Forest

Der Bollenhut

Der Strohhut mit den roten „Bollen" ist das Markenzeichen des Schwarzwaldes schlechthin. Die auffällige Kopfbedeckung ist aber im Grunde eine Rarität, denn nur in den Ortschaften Kirnbach, Gutach und Reichenbach bei Hornberg tragen ihn die unverheirateten Mädchen, und zwar erst ab der Konfirmation, die in diesen Gemeinden als höchstes Fest gilt. Die „Bollen" auf den Hüten der verheirateten Frauen sind schwarz, die Hüte als solche aber nicht minder imposant. Von den unzähligen Trachten des Schwarzwaldes ist die mit dem Bollenhut die prägnanteste und deshalb rund um den Globus als Schwarzwälder Tracht bekannt.

Das Strohgeflecht des Hutes ist mit Gips überzogen, die Krempe ist nach vorne und hinten in elegantem Schwung abwärts gebogen. Unter ihr lugen die beiden neckischen Tüllflügelchen der unter dem Hut getragenen Stoffhaube vor, die zu weniger festlichen Anlässen den Kopf der Bäuerin alleine bedeckt. Das gesamte Haar ist unter der Haube verborgen. Nur die Mädchen tragen einen langen Zopf, der auf den Rücken hängt und mit allerlei Bändern und Glasperlen, manchmal auch mit kleinen Spiegeln geschmückt ist.

Auf einem echten Schwarzwälder Bollenhut befinden sich immer 14 „Bollen", davon sind drei durch die sehr dichte Anordnung teilweise verdeckt. Ob dabei christliche Zahlenmystik oder das ästhetische Empfinden für die Anzahl verantwortlich sind, wird unterschiedlich interpretiert. Die aus unzähligen Wollfäden gefertigten „Bollen" stellen jedenfalls stilisierte Rosen dar.

Ausgeführt wurde der einzigartige und durch den Gips nicht ganz leichte Kopfputz früher nur zum Kirchgang und an hohen Festen. Der Gutacher Bollenhutmacherin Hedwig Kaltenbach und ihrer Vorgängerin Emma Falk-Breitenbach ist es zu verdanken, dass die Kunst des Bollenhutmachens nicht ausgestorben ist. Eine ureigene Schwarzwälder „Erfindung" ist der Hut mit den Wollbollen aber nicht: Auf einem Bild von Hans Holbein d.J. aus dem Jahr 1538 ist ein Bauer zu sehen, der mit einem Bollenhut auf dem Kopf der Feldarbeit nachgeht. Allerdings ist der Hut sehr flach und die „Bollen" sind wesentlich kleiner als die heutigen.

Der Schäppel ist eine weitere Besonderheit der Tracht. In Gutach wird er wird von den Mädchen von der Konfirmation bis zur Hochzeit zu festlichen Anlässen getragen. Friedhilde Heinzmann fertigt ihn mit viel Geschick und Geduld nach alter Tradition.

The Bollenhut

The straw-hat with red bobbles is the ultimate trademark of the Black Forest. This striking piece of headwear is in fact a rarity that is only worn in the villages in Kirnbach, Gutach and Reichenbach near Hornberg by unmarried women after confirmation, an important ceremony in these villages. The bobbles, or "Bollen", on married women's hats are black, which doesn't make them any less impressive. Of the countless traditional costumes in the area, those with the Bollenhut are the most striking and have become known worldwide as the costume of the Black Forest.

The hat of straw is covered in plaster with a brim sticking out in front and bending elegantly downwards towards the back. Two cheeky tulle wings belonging to the cloth hood worn beneath the hat (and worn on its own by farmer girls on less festive days) peak out from underneath. The hair is completely covered by the hood of all except the young girls, who wear their hair in a long ponytail decorated with all kinds of ribbons and glass pearls and sometimes even small mirrors.

A real Black Forest Bollenhut has 14 bobbles, three of which are partly covered by the tightly packed arrangement. Whether Christian mystical numerology or whether aesthetic considerations are responsible for this number is open to interpretation. At any rate, the bobbles are made of countless woollen strings that depict stylish roses. This unique and, owing to the plaster, quite heavy headwear used to only be worn to church or on important holidays. It is thanks to the Bollenhat milner Hedwig Kaltenbach from Gutach Breitenbach that the craft has not died out.

The woollen bobbles were not invented in the Black Forest, however – a picture by Hans Holbein Jun. from the year 1538 shows a farmer going about his work with a Bollenhut on his head. The hat is rather flat, however, and the bobbles are much smaller than those nowadays.

The chaplet is another special feature of the traditional costume. It is worn in Gutach by girls on special occasions from their confirmation until they are married women. Friedhilde Heinzmann creates costumes according to age-old tradition with much patience and skill.

Auch heute noch werden die Schwarzwälder Bollenhüte nach alter Tradition in Handarbeit hergestellt.

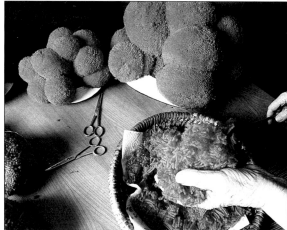

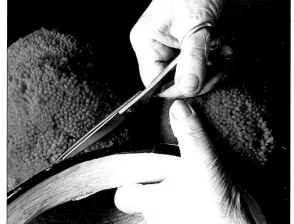

To this day the Bollenhut is produced by hand in the Black Forest according to age-old tradition.

Bei Bernau   Near Bernau

Dichter Tannenwald umrahmt den Windgfällweiher   A dense pine forest surrounds the lake at Windgfäll

Hochweide im Joostal   Hillside pastures in the Joos Valley

Schwarzwälder Portraits

Black Forest Portraits

„Sie sind größer als gewöhnliche Menschen, breit-schultrig, von starken Gliedern, und es ist, als ob der stärkende Duft, der morgens durch die Tannen strömt, ihnen von Jugend auf einen freieren Atem, ein klareres Auge und einen festeren, wenn auch raueren Mut als den Bewohnern der Stromtäler und Ebenen gegeben hätte. Und nicht nur durch Haltung und Wuchs, auch durch ihre Sitten und Trachten sondern sie sich von den Leuten, die außerhalb des Waldes wohnen, streng ab. Am schönsten kleiden sich die Bewohner des badenschen Schwarzwaldes... Dort beschäftigen sich die Leute gewöhnlich mit Glasmachen; auch verfertigen sie Uhren und tragen sie in der halben Welt umher." So heißt es in dem Märchen „Das kalte Herz" von Wilhem Hauff (1828), das eine der schönsten Geschichten aus dem Schwarzwald ist. Hier ist der Schwarzwald nicht nur Kulisse, sondern ein wichtiger Teil der Handlung. Den freien Atem und das klarere Auge meint man auch jetzt noch zu erkennen, wenn man die Portraits einiger Mitglieder der Trachten-gruppe „Kirnbacher Kurrende" anschaut, die das Tragen der Original-Trachten in Ehren halten. Kein Modedesigner könnte eine für alle Altersgruppen und Figuren so vorteilhafte Kleidung entwerfen, wie sie die Schwarzwälder Tracht darstellt. Auch die alten abgearbeiteten Bauern und Bäuerinnen geben ein Bild der Würde und des Wohlbehagens ab, wenn sie in ihre Festtagsgewänder schlüpfen und damit auch eine deutliche Zäsur zu ihrem ansonsten oft mühsamen Werk-tag setzen. Und wem geht nicht das Herz auf, wenn eine junge Konfirmandin spitzbübisch unter ihrem roten Bollenhut hervorlächelt! Das hat sich in den Jahr-hunderten wenig geändert, selbst wenn heute nicht mehr alle von der Landwirtschaft leben.

Wilhelm Hauff's fairy tale "The Cold Heart" (1828), one of the more memorable stories from the Black Forest, shows the countryside as more than just a picturesque background. For him the forest is an important part of the story itself: "They are bigger than normal people, broad in the shoulders, with strong limbs and it is as though the refreshing scent streaming from the pine trees each morning has helped them to breathe more freely ever since childhood, as if it has helped them to a clearer view of things and made them hardier than the inhabitants in the river valleys and the lowlands. It's not only their posture and their size that differentiate them from those who live beyond the Black Forest so strongly, however, because they also have the finest costumes in Baden's Black Forest … where people mostly work as glass-blowers or make clocks and carry them half-way around the world."

One can be forgiven for thinking one can see this freer breathing and clarity of vision in the pictures here of the „Kirnbacher Kurrende" folklore group who honour the old tradition of wearing local costumes even today.

No fashion designer would be able to create a more fitting piece of clothing for all age-groups, shapes and sizes, than traditional costumes, or Trachten, of the Black Forest. Even older, work-worn farmers and their wives look dignified and prosperous when they have slipped into these costumes that mark a break from their hard workaday lives. And who can remain unmoved by the sight of young girls smiling cheekily from underneath their traditional bobble hat, the Bollenhut, at their confirmation. This has changed little over the centuries, even if nowadays fewer people live from agriculture.

Den Trachtengruppen und der vielfältigen Traditionspflege selbstbewusster Schwarzwälderinnen und Schwarzwälder ist es zu verdanken, dass das Tragen der originalen Tracht auch heute eine Selbstverständlichkeit ist, obwohl es sicher bequemere Kleidung gibt: Man legt das Festtagsgewand nicht nur zu Ostern oder Weihnachten, zu Hochzeit oder Taufe an sondern auch, wenn man zur Wahlurne schreitet.

Die vielteilige Tracht, die zum Bollenhut gehört, sei er schwarz oder rot, besteht aus dem schwarzen Wifelrock mit langer Schürze, dem bestickten Leibchen aus schwarzem Samt, aus dem sich schneeweiße, über dem Ellbogen gebundene Ärmel hervorbauschen und einem viereckigen Halskragen, „Goller" genannt, der mit roten, unter den Armen durchgezogenen Bändchen befestigt ist. Der kleine Stehkragen ist

mit Pailletten („Flenderli") bestickt. Weiße „hasenhärene" Strümpfe aus flauschiger Angorawolle und flache schwarze Schuhe ergänzen die Festtagstracht der Kirnbacherinnen, Gutacherinnen und Reichenbacherinnen.

Das Auffälligste an der Männertracht dieser drei Ortschaften ist der „Kittel", ein langer Mantel aus schwarzem Samt, mit rotem Wollstoff gefüttert, der in zwei langen Rockschößen bis zu den Waden reicht. Stehkragen, eine schwarzsamtene Weste mit zwei Knopfreihen und eine schwarze Hose verleihen dem Träger die nötige Würde. Um den Hals hat er ein kunstvoll gefaltetes schwarzes Seidentuch geschlungen, das in zwei langen Spitzen endet. Ein schwarzer, flacher Plüschhut mit breitem Rand vervollständigt das Bild.

That wearing a traditional costume today is still a matter of course is thanks to the many residents and folklore groups in the Black Forest committed to upholding these traditions, despite the fact that there are more comfortable clothes to wear. These costumes are not only worn at Easter or Christmas, at weddings or christenings but also on election day.

The complicated costume belonging to the Bollenhut, whether black or red, consists of the black "Wifel" dress with its long apron; an embroidered bodice of black velvet; from which short snow-white arms, folded above the elbow, stick out; and finally a square collar called "Goller" that is attached with red ribbons under the shoulder. The small starched collar is embroidered with sequins called "Flenderli". White "hasenhärene", or leggings, made of Angora wool, and flat black shoes complete the women's costumes in the towns of Kirnbach, Gutach and Reichenbach.

The most striking part of the men's costumes in these three villages is the "Kittel", a long black velvet coat lined with red wool, which stretches down below the knee to the calves in two long coat-tails. A starched, standing collar, a waistcoat of black velvet with two rows of buttons and a pair of black trousers give the wearer a noble air. A black neckerchief folded carefully around the neck, ending in two long tongues. A flat, black broad-brimmed plush hat finishes off the costume.

Wandern auf sonnigen Höhen   Walking on sunny peaks

Am Wiedener Eck beim Belchen

At the Wiedener Eck, close to the Belchen mountain

Bauernhaus in Gschwend bei Todtnau   A farmhouse in Gschwend, near Todtnau

Ein „Schwarzwälder Fuchs". Diese alte Pferderasse wird auch heute noch gezüchtet und beispielsweise bei der Waldarbeit eingesetzt.

A "Schwarzwälder Fuchs" horse. This old breed of horses is still used today for work in the forests.

Das Freiburger Münster

Kein mächtiger Fürst, kein reiches Bistum haben sich mit dem Freiburger Münster ein Denkmal gesetzt. Die Bürger selbst finanzierten den Bau, der ihre Pfarrkirche werden sollte. Reiche Bürger und Zünfte spendeten, der Silberbergbau im nahen Schauinslandmassiv warf Gewinn ab und der Ablasshandel florierte. Lange Zeit war es Usus, dass das beste Gewand eines jeden verstorbenen Freiburger Bürgers zugunsten des Münsterbaus versteigert wurde.

Im Jahr 1513 war die Einweihung. Als einziger noch im Mittelalter vollendeter deutscher Dom hat das Freiburger Münster zwei Besonderheiten, die bis dahin unbekannt waren: die Einturm-Fassade und den durchbrochenen Turmhelm in gotischem Maßwerk. 116 Meter strebt das filigrane Gebilde in die Höhe.

Der Kunsthistoriker Jacob Burckhardt hat im 19. Jahrhundert die treffendste Formel für eine Beschreibung dieses Bauwerks gefunden: „Der schönste Turm der Christenheit". Nie wieder wurden in anderen Bauten diese Harmonie der Proportionen und die elegante Leichtigkeit erreicht.

Zu allen Zeiten beeindruckte die Genialität der Baumeister, die das Oktogon des Turmhelms kunstreich aus dem viereckigen Grundriss herauswachsen ließen. Ein vielgestaltiger Kosmos von Figuren bevölkert die gesamte Fassade, biblische Gestalten und Szenen, Propheten, Engel und Apostel, aber auch furchterregende Fabelwesen wie die Wasserspeier oder die Allegorien der sieben Todsünden. Am dichtesten gedrängt ist der Figurenschmuck in der Vorhalle des Westturms, ein reicher Bilderbogen von großer Eindrücklichkeit.

The Minster in Freiburg

Neither a powerful prince nor a wealthy bishopric left their mark in history in form of the Minster in Freiburg. The city's residents themselves financed its construction with the aim of building a parish church for themselves. Wealthy citizens and guilds donated money, the silver-mine in the nearby Schauinsland Mountain was highly profitable and the practise of selling indulgences prospered. It was the done thing for many years to auction off the best clothes of each deceased well-to-do townsman in order to raise money for the Minster, which was finally consecrated in 1513.

As the only cathedral built to completion in Germany in the Middle Ages, the Minster in Freiburg has two special architectural features never previously used, namely the one-tower-façade and the complicated ornamented Gothic open-work steeple. The filigrane edifice rises to a lofty 116m high and was described most fittingly by the 19th century art-historian Jacob Burckhardt as "the most beautiful tower in Christendom". Never again would the harmony of proportion and elegance be attained by any other building of its kind.

The craftsmen's artistry in forming an octagonal steeple from the square base of the tower has been admired in all ages. An entire cosmos of diverse figures populate the façade, from biblical figures and scenes, prophets, angels and apostles to terrifying fantasy figures like gargoyles and allegorical representations of the seven deadly sins. The entrance to the West Tower is most tightly packed with these figures, creating a fantastically rich impression upon entrance.

Gotisches Maßwerk in höchster Vollendung am Freiburger Münster

Perfect Gothic craftsmanship on Freiburg Minster

„Der schönste Turm der Christenheit"

"The most beautiful tower in Christendom"

Abendstimmung oberhalb der Kohlerhöfe

Sunset above the Kohlerhöfe

Sommer auf dem Schauinsland   Summer on the Schauinsland

Auf der Heidburg zwischen Oberprechtal und
Mühlenbach

On top of the Heidburg between Oberprechtal and
Mühlenbach

Die Klosterbibliothek von St. Peter

Rokoko in seiner schönsten Ausprägung: Die Klosterbibliothek von St. Peter, das architektonische und geistige Herzstück der weitläufigen Anlage präsentiert sich als ein Gesamtkunstwerk aus schwingenden Formen, Licht und Papier gewordener jahrhundertealter Weisheit. Offen nach außen, offen für die Wissenschaften, aufgeklärt und modern sollte sie sein, die Bibliothek, die in der Amtszeit von Abt Philipp Jakob Steyrer ihre endgültige Gestalt bekam und 1752 nach zehnjähriger Bauunterbrechung vollendet wurde. Zwölf überlebensgroße Figuren, geschaffen von dem zeitweise als Laienbruder im benachbarten Kloster St. Märgen lebenden Barockbildhauer Matthias Faller nach Modellen von Christian Wenzinger verkörperten auf der Galerie die wichtigsten Wissenschaftsbereiche. Gleichzeitig wiesen sie den Benutzern den Weg durch die Buchbestände. Sechs von ihnen sind noch erhalten. Die Maske, die die Dame „Poesie" bei sich hat oder der Judenhut der „Historia" sind zwei unter vielen allegorisch versteckten Hinweisen auf ein Verständnis von Wissen, das aufgeklärtem Denken Raum gab. So wundert es auch nicht, dass Astronomie und Geografie in St. Peter mit Fleiß gepflegt wurden. Kartentische und Globen geben hiervon ein beredtes Zeugnis. Eine sechsbändige, mehrsprachige Bibel, gedruckt um die Mitte des 17. Jahrhunderts in London, gehört zum kostbarsten Inventar der Bibliothek. Abt Steyrer hatte auch eine zehnbändige, zum großen Teil naturwissenschaftliche Enzyklopädie erworben. 1806, im Zuge der Säkularisation und der damit verbundenen Auflösung des Benediktiner-Klosters, wurden die Bücher in alle Winde zerstreut. „Die Bücher wurden von Kin-

The Seminary Library at St. Peter

The seminary library at St. Peter is rococo architecture at its most beautiful. This architectural heart within the expansive grounds of the seminary is a work of art consisting of flowing forms, light and the recorded wisdom of many centuries. The library, which took on its present form during Abbot Philipp Jakob Steyrer's term of office and was finished in 1752, was meant to be enlightened and modern, open to research and the world at large.

Twelve larger than life figures based on designs by Christian Wenzinger and carved by the Baroque sculpture and erstwhile lay brother in the nearby St. Märgen monastery, Matthias Faller, represent the most important areas of scientific research and were designed to show users the way around the book collections. Six of them have been preserved. The mask worn by the lady "Poetry", or the Jewish hat worn by "History", are only two of many allegorical symbols for sciences that promoted enlightened thinking. It is not surprising that astronomy and geography was given special priority in St. Peter, as the maps and globes here belie.

A six-volume, multi-lingual Bible printed in London towards the middle of the 17th century is one of the more precious contents in the library. Abbot Steyrer also purchased a ten-volume encyclopaedia that is mainly focussed on the natural sciences. In 1806, during the course of secularisation and the dissolution of the Benedictine monastery, most of the books seemed to disappear completely. "The books were taken away by children and farmers", records the remaining Abbot Speckle in his diary from 1813. The present stock of books was mainly collected

dern und Bauern verschleppt", seufzt der zurückge-
bliebene Abt Speckle 1813 in seinem Tagebuch. So
stammt der heutige Buchbestand vor allem aus dem
19. Jahrhundert, als St. Peter Priesterseminar der
Erzdiözese Freiburg wurde. Etliche Werke des ur-
sprünglichen Bestandes konnten auch wieder zurück-
erworben werden. Die genannte Enzyklopädie, die
einen Kaufvermerk von Abt Steyrer trägt, kam über
die Auktion der Fürstenbergischen Bibliothek 2001
nach St. Peter zurück.

during the 19th century, during which time
St. Peter became the seminary of the Arch-Diocese
of Freiburg. Many of the original collection could
also be reacquired over the years. The encyclopaedia,
carrying Abbot Steyrer's purchase note, was returned
to the library following an auction in the Fürsten-
berg Library in 2001.

Beschwingtes Rokoko in der Klosterbibliothek von St. Peter

Flowing rococo designs in the seminary library in St. Peter

Die Buchbestände der Klosterbibliothek sind ein einmaliger Kulturschatz.

The book collection in the seminary library is a unique piece of cultural heritage.

Spiel von Licht und Wasser in der Wutachschlucht

Magical impressions of light and water in Wutach ravine

Farne am Feldsee   Ferns by the Feldsee lake

Wandern ist die schönste Art den Schwarzwald
zu erkunden.

Hill-walking is the most relaxed way to discover
the Black Forest.

Der Dom von St. Blasien

„Der gewaltig aufragende Dom wirkt aufgrund seiner abgeschiedenen Lage mitten im Schwarzwald fast etwas deplatziert.", stellt eine Beschreibung von St. Blasien fest. In der Tat: Die drittgrößte Kuppelkirche Europas steht in einem Schwarzwalddorf, in dem gerade 4500 Einwohner leben. Umso erhabener ist der Eindruck, den man beim ersten Blick auf das mächtige Bauwerk gewinnt. 63 Meter hoch ragt die Kuppel in den Himmel, ihr Durchmesser beträgt 46 Meter.

Das Innere der gewaltigen Rotunde erstrahlt in klassizistischer Formstrenge und kühler, fast monochromer Farbigkeit. Wie sich aus den allerersten Anfängen eines einfachen Brüderkonvents an der Alb ein reiches Kloster mit unermesslichem Grundbesitz im ganzen südlichen Schwarzwald entwickelt hat, beschreibt Fürstabt Martin Gerbert in seiner 1783 erschienenen „Geschichte des Schwarzwaldes".

Offenbar boten die tiefen Wälder zur Zeit der Ungarn-Einfälle im frühen Mittelalter den Mönchen Schutz, so dass die Entwicklung des Konvents weniger gestört wurde als jene der an der Peripherie gelegenen Klöster, die immer wieder geplündert und gebrandschatzt wurden.

Fürstabt Gerbert war es auch, der dem französischen Baumeister Pierre Michel d'Ixnard 1768 den Auftrag zum Neubau der abgebrannten Klosteranlage erteilte. Etwa hundert Jahre später brannte es erneut, die riesige Kuppel blieb aber erhalten. 1911 begann man mit der Restaurierung. Der Jugendstilmaler Walter Georgi schuf 1912 das elegante Deckengemälde. Der Dom zu St. Blasien ist heute nicht nur Schauplatz einer hochkarätigen Konzertreihe, sondern seit den 20er Jahren des letzten Jahrhunderts auch immer wieder eine einzigartige Kulisse für Freilichtspiele.

The Cathedral at St. Blasien

According to a description of St. Blasien, "the soaring cathedral appears somewhat out of place owing to its secluded location in the middle of the Black Forest" – and indeed the third largest church dome in Europe stands in the middle of a village with only 4,500 inhabitants. This only serves to make the first sight of this massive building, with its dome stretching 63m skywards and boasting a proud diameter of 46m, even more impressive.

The interior glows in a classicist strictness of form and a cool, almost one-tone colour. How a rather simple monastery in the hills could advance from its meagre beginnings to become a wealthy monastery, with proprieties all over the southern stretches of the Black Forest, is described by Head Abbot Martin Gerbert in his "History of the Black Forest" from the year 1783. The dense forests seem to have provided the monks with perfect cover during the period of raids by Hungarians in the early Middle Ages so that the monastery's development was less disrupted than in those on the periphery of the Black Forest which were repeatedly plundered and burned out.

It was also the Head Abbot Gerbert who contracted the French architect Pierre Michel d'lxnard in 1768 to rebuild the burned-out monastery. A further fire occurred only one hundred years later, but the massive dome remained unscathed. Major restoration work began in 1911 and the art nouveau painter Walter Georgi created the decorated ceiling during the course of these works. Nowadays, the cathedral at St. Blasien is not only the scene of high-quality concerts but has also become a unique background for outdoor theatre performances since the 1920s.

Der Gipfel des Belchen ist einer der schönsten Aussichtspunkte im Schwarzwald.

The summit on the Belchen is one of the most beautiful views in the entire Black Forest.

Bootssteg am Titisee   The moorings at Titisee

Zwischen St. Märgen und St. Peter   **Between St. Märgen and St. Peter**

Die Kuckucksuhr

Die Schwarzwalduhr war zur Mitte des 19. Jahrhunderts, der Geburtsstunde der „klassischen" Kuckucksuhr, schon lange zum Inbegriff feinmechanischer Raffinesse geworden und weit mehr als ein bloßer Zeitmesser: Die schön bemalten Uhrenschilder ersetzten Bilder an den Wänden. Bei den so genannten Figurenuhren setzte der Stundenschlag Miniaturszenen in Bewegung und bei den Flötenuhren erklangen Melodiestücke. Auch Kalenderuhren und Uhren, die den Gang von Sonne, Mond und Sternen anzeigten, waren da bereits gebaut.

Die Uhrmacher suchten immer neue Varianten und Spielarten, und irgendwann war der Kuckuck „fällig". Die erste Kuckucksuhr entstand zwar schon 1750, sie hatte aber noch die für ihre Zeit typische Schildform, ein bemaltes quadratisches Holzbrett mit einem verzierten Aufsatz, in den das Türchen für den Vogel geschnitten war. Erst mit der so genannten Bahnhäusleform trat die Schwarzwälder Kuckucksuhr ihren Siegeszug rund um den Globus an.

Am Anfang stand die Idee eines prominenten Baumeisters. Professor Friedrich Eisenlohr, 1805 in Lörrach als Sohn eines Pfarrers geboren und später einer der letzten Schüler des badischen Stararchitekten Friedrich Weinbrenner, war in der Aufbau-phase der badischen Eisenbahnen entlang der Rheinschiene seit 1840 maßgeblich am Konzept für die dazugehörenden Bauten beteiligt. Er entwarf nicht nur die Bahnhöfe der Städte Mannheim, Karlsruhe und Freiburg sondern auch die Bahnwärterhäuschen entlang der Strecke. Die architektonische Formensprache war so einprägsam und unverwechselbar, dass die Schwarzwälder Uhrentüftler, stets auf der Suche nach Neuem, sofort zugriffen.

Die klare Grundform lässt der Phantasie der Schnitzer unbegrenzte Möglichkeiten. Tannen und Rehe, Jagdmotive, Eichenlaub und Weinblätter, Vogelnester, Hasen, Fasane und Trachtenträger, dazu – allerlei ornamentales Schnitzwerk – jede dieser Uhren ist ein kleiner Schwarzwälder Mikrokosmos für sich. Allen gemeinsam ist natürlich der Kuckuck. Pünktlich zum Stundenschlag öffnet sich das Türchen am Hausgiebel, er lugt heraus und verneigt sich mit lautem Ruf. Zur typischen Kuckucksuhr in Bahnhäusleform gehören auch die aus Bein geschnitzten Ziffern und Zeiger, ein hölzernes Pendel in Form eines Eichen- oder Rebenblattes sowie als Tannenzapfen gestaltete Metallgewichte. Denn eine echte Schwarzwälder Kuckucksuhr läuft auch im digitalen Zeitalter rein mechanisch.

The Cuckoo Clock

By the middle of the 19th century, and the birth of the 'classic' cuckoo clock, the typical Black Forest clock had long become the epitome of fine mechanical skill and was much more than a simple instrument for measuring time – the beautifully decorated clock-faces were even treated as substitutes for works of art. In the case of the so-called figurine clocks miniature tableaux were brought to life every hour on the hour, and musical clocks even played short melodies. Even astronomical clocks showing the months, the sun, moon and star periods were already being made. Clockmakers were constantly on the lookout for new and playful varieties and at some time, the cuckoo was invented.

The first cuckoo clock was built around 1750, but it displayed the typical plate-form of its day: a painted square of wood with a decorated plate on top in, which a small door for the bird was cut. It was only with the so-called railwayman's cottage design ("Bahnhäusleform") that the typical Black Forest cuckoo clock began its claim to worldwide fame.

It first originated in the idea of a prominent architect, Prof. Friedrich Eisenlohr, a vicar's son born in Lörrach in 1805 and later a student of a leading architect of his day, Friedrich Weinbren-

ner. Eisenlohr was mainly responsible for the initial stage of constructing Baden's railway network along the Rhine Valley from 1840 onwards and designed not only the train stations in the cities of Mannheim, Karlsruhe and Freiburg, but also the small railwaymen's cottages along the railway lines. The architectural style was so unforgettable and unmistakeable that the Black Forest's clockmakers in their constant search for novelties were not tardy in copying them.

The simple basic shape allowed the carvers' fantasies a free rein: pine trees and deer, hunting tableaux, oak trees and vines, birds' nests, hares, pheasants and people in costumes, with a whole range of ornamental woodwork, meant that every single clock can be seen as a little microcosm of the Black Forest. Although the cuckoo is, of course, common to all. Punctually on the hour the door at the gable end opens, out he peeks and bows himself with a loud cry. Never missing from the cottage-style clock are numbers and clock-hands made of bone, a wooden pendle in the shape of an oak or vine leaf and metal weights in the shape of a fir cone. Because even in the digital age, the real Black Forest cuckoo clock runs entirely mechanically.

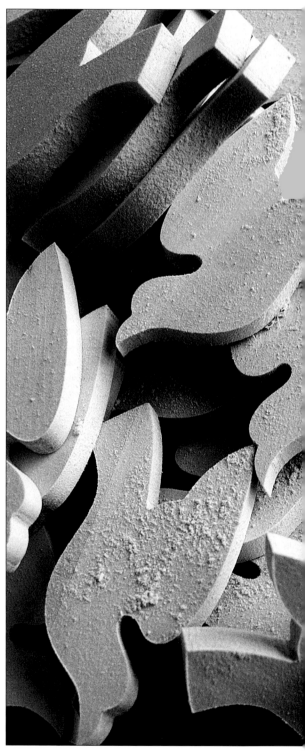

Viele Arbeitsschritte braucht es, bis eine original
Schwarzwälder Kuckucksuhr fertig ist. Von der
Lagerung der gesägten Stämme bis zur Herstellung
der mechanischen Uhrwerke, vom feinen Schnitz-
werk bis zum Bemalen der Figuren – in der Triberger
Uhrenfabrik HUBERT HERR, wird noch nach alter
Tradition gearbeitet.

118

Making an original Black Forest cuckoo clock is a complicated procedure. From storing the wood to the production of the mechanical clockworks, from the intricate woodwork to painting the figures – HUBERT HERR's factory in Triberg only works according to traditional techniques.

Blick ins Obermünstertal   A view towards the Upper Münster Valley

Um 1920 wurde der Schluchsee aufgestaut.
Er ist bis zu 61 Meter tief.

The Schluchsee Lake was dammed around 1920.
It is up to 61m deep.

Wiesen bei Freiamt   Pastures near Freiamt

Die Kunst der Trachtenherstellung

Immer noch ist die Tracht in vielen Orten des Schwarzwaldes ein Festtagsgewand, kleidsam und zeitlos und oft wie ein Familienschatz bewahrt und weitervererbt. Zum „Weißen Sonntag", der Erstkommunion, erhält das Mädchen seine erste vollständige Tracht, zu der dann auch ein Schäppel gehört.

Trachtennäherin Margarete Schwär aus St. Peter verrät einen kleinen Trick: Der Rock enthält in Saum und Seitennähten „Reserven" für mindestens drei Jahre Wachstum, so dass das nächste Festkleid erst wieder fällig ist, wenn aus dem Mädchen eine junge Frau geworden ist. Dann kommen sie zur Trachtennäherin, die ihnen erst einmal eine lange Einkaufsliste zusammenstellt. Ein Fachgeschäft im nahen Glottertal ist auf die Wünsche der Trachtennäherinnen und ihrer Kundinnen eingerichtet. Dann wird angemessen. „Jede Tracht ist ein Unikat, da ist nichts von der Stange.", stellt Margarete Schwär fest. Nach gut zwei Wochen Arbeit ist die neue Tracht fertig. Obwohl eine Nähmaschine vieles vereinfacht, ist doch ein beträchtlicher Teil Handarbeit. Geradezu diffizil wird es, wenn ein Rüschenbörtchen an einen Kragen genäht oder ein Ärmel zierlich in Smok-Stichen gefältelt werden muss. Kostbare Wollstoffe, Seide für die Schürzen und Samt für das Mieder werden verarbeitet. Moderne Fasern spielen eine eher untergeordnete Rolle und werden den Stoffen nur beigemischt, um sie leichter und formbeständiger zu machen. Jede Tracht weist dabei ihre eigenen kleinen Varianten auf, die dem geübten Auge die Herkunft ihrer Trägerin verraten.

Das Tüpfelchen auf dem „i" bei einer schönen Tracht ist natürlich die Stickerei. In der Arbeitsstube von Frida Rombach glänzt und schimmert es. Anmutig ranken sich ihre gestickten kleinen Kunstwerke an Miedern und Stehkragen, zarte Blüten und Blätter leuchten in purem Gold. Geduld braucht es und viel Zeit, sagt die Stickerin, die das vielfältige Wissen um die Kunst der feinen Fädchen vor 50 Jahren bei einer Nachbarin gelernt hat. Viele Tipps und Kniffe der Verarbeitung hat sie im Laufe der Jahre von anderen Goldstickerinnen, die ihr Wissen nicht so großzügig weitergaben, heimlich abgeguckt. Dass die Ornamente fast wie ein Relief auf dem Untergrund wirken, liegt daran, dass die Fäden über eine Schablone aus festem Karton gezogen werden. „Das Stanzen ist das Schwerste", sagt Frida Rombach, „da braucht man richtig Kraft." Mit einem feinen Stechbeitel holt sie die zierlichen Blättchen und Ranken aus dem Karton heraus. Anschließend wird das Motiv auf einem Stickrahmen weiter verarbeitet, bis die Schablone ganz unter einer goldenen Hülle verschwunden ist.

Ohne lange Zöpfe geht gar nichts, wenn „frau" einen Schäppel aufsetzen will. Das Haar der Trägerin wird im Nacken zusammengebunden und dann in zwei Strähnen geteilt, aus denen die Zöpfe geflochten werden. Etwa ein Kilo schwer ist die in tausend Farben funkelnde Krone. Bräute setzen sie am Hochzeitstag auf, „Schäppelmaidli", die den Erntekranz tragen, gehen stolz an der Spitze des Erntedankzuges.

Im katholischen St. Peter trägt ein Mädchen zur Erstkommunion das erste Mal einen Schäppel, der etwas leichter und zierlicher ist als der Kopfschmuck der Gutacher Tracht. Der Schäppel ist alles in allem eine Zierde der jungen Frauen, die älteren tragen ihn nicht mehr. Die winzigen hohlen Glaskugeln, kommen heute aus Tschechien – früher waren sie das Werk der Schwarzwälder Glasbläser.

The Art of Traditional Costume-Making

In many parts of the Black Forest the traditional costume is still worn on important holidays. This timeless, flattering costume, which also includes a chaplet or Schäppel, is often kept as a family heirloom and is presented to young girls on "Weißen Sonntag", when the first Holy Communion is celebrated.

Seamstress Margarete Schwär from St. Peter gives away a small trade secret – the dress includes extra hems and seams that allow at least three years' growing room, which means that a new dress will only have to be made when the young girls have become young women. Then they come to the seamstress who promptly provides them with a long shopping list. A sewing shop in the Glotter Valley is ready and waiting to fulfil the needs of the seamstresses and her customers to the full. Then the measurements are taken. "Every dress is unique, nothing comes ready-made," explains Schwär further. After around two weeks' work the new dress is ready. Although a sewing machine makes the work much easier, a large part of the work is still done by hand. The needlework becomes very intricate when it comes to attaching ruffled fringes to the collar or when an arm has to be folded delicately with embroidered stitching. Expensive fabrics are used for the dresses, including silk for the aprons and velvet for the bodice. Modern materials play a very minor role and are only used in conjunction with natural fabrics in order to make them sturdier. Each dress has its own small variations that reveal the seamstress' identity to the well-trained eye.

The dot on the "i" of an attractive dress is the embroidery of course. Frida Rombach's workshop shines and gleams. Her works of embroidered art have been worked into corsets and tall collars, and a host precious flowers and leaves of pure gold shine beautifully. It takes patience and plenty of time, says the embroiderer, who learned all there is to know about the trade from her neighbour well over fifty years ago. She gained many tips and tricks of the trade in the course of her career by secretly spying on other embroiderers who were not quite so forthcoming with their help. That the ornamentation seems to stand out from the dress is because the threads are formed on a stencil made of hard cardboard. "Embossing is the hardest part," says Frida Rombach, "you really need to be strong for that." She forms delicate leaves and ruffles with a fine needle. The motif is finished off on an embroidery-frame until the stencil is hidden completely beneath the golden covering.

When a women wishes to wear a chaplet or "Schäppel" she must have long plaits. The woman's hair is pulled together and spilt into two plaits at the back of the head. The heavy crown weighing almost one kilo shines in thousands of colours. Brides wear them on their wedding day and Chaplet Girls or "Schäppelmaidli" carrying harvest wreaths march proudly at the front of the Thanksgiving Parade.

Girls wear a chaplet for the first time for the First Holy Communion in the predominantly Catholic St. Peter, but this is slightly lighter and more petite than that which belongs to the Gutach dress. The chaplet is a form of jewellery for the young women; older women no longer wear them. The tiny, hollow glass pearls are imported from the Czech Republic. In past times they were made by the glassblowers in the Black Forest.

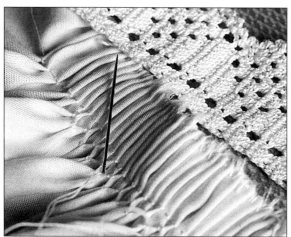

Jede Tracht ist ein Unikat. Nur noch wenige Trachtennäherinnen beherrschen die alte Kunst ihrer Herstellung. Vor allem die feinen Spitzen und Börtchen können
nur von Hand angenäht werden.

Each costume is unique. Very few seamstresses still pos-
sess the traditional sewing skills, with the delicate laces
and ruffles in particular requiring delicate handiwork.

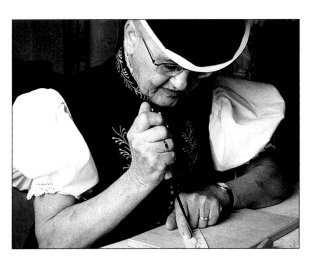

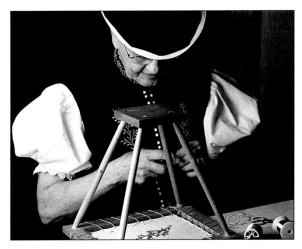

Als erster Arbeitsschritt für die Gold Stickerei muss eine Schablone aus festem Karton ausgestanzt werden. Diese wird mit Goldfaden auf den Stoff genäht. So kommt die Reliefwirkung zustande.

The first step in gold embroidery is to punch a stencil into a piece of cardboard. The gold is then stitched into the fabric through the cardboard. In this way, the ornamentation seems to stand out from the fabric beneath.

Der Schäppel ist eines der wertvollsten Stücke der Tracht. Etwa 60 Stunden braucht die Schäppelmacherin Anita Wehrle bis nahezu 3000 Perlen, Spiegelchen und Bänder an dem kronenartigen Drahtgestell befestigt sind.

The chaplet is one of the most precious parts of the costume. It takes chaplet-maker Anita Wehrle roughly 60 hours to fix nearly 3,000 pearls, small mirrors and ribbons to the crown shaped frame.

An der Baumgrenze unterhalb des Feldberggipfels   At the tree-line beneath the summit of the Feldberg mountai

Der erste Schnee fällt auf dem Feldberg manchmal schon im September.

The first snowfall of the year on the Feldberg often comes as early as September.

Auf dem höchsten Berg des Schwarzwaldes endet die Weidesaison schon früh.

The animals have to be taken in off the pastures very early in the autumn on the highest mountain in the Black Forest.

Impressum

© edition-kaeflein.de – Freiburg
www.edition-kaeflein.de
info@edition-kaeflein.de

Konzept und Photographie: Achim Käflein – Freiburg
www.kaeflein-photodesign.de
Text: Dorothee Philipp – Müllheim
Übersetzung: Barry Murnane
Satz: Iris Zähringer
Redaktion: Annette Trefzer-Käflein
Produktion: edition-kaeflein.de 2006
ISBN 3-9810093-5-5
ISBN 978-3-9810093-5-4

Für die gute Zusammenarbeit danken wir:
Christoph Schwalb, Eberhard Mast, Heino Santo, Claudia Götte

Bollenhut/Schäppel:
Hedwig Kaltenbach und Friedhilde Heinzmann – Gutach/Schwarzwaldbahn
Trachtenherstellung:
Margarete Schwär, Frida Rombach und Anita Wehrle – St. Peter
Erzbischöfliches Priesterseminar, Frau Vits – St. Peter
Trachtenverein Kirnbacher Kurrende, Heinz Wöhrle – www.bollenhut.de
Uhrenfabrikation HUBERT HERR, Reinhard Herr – Triberg www.hubertherr.de
Holzbildhauerei Lang, Andreas Lang – Elzach www.fasnachtsmasken.com
Tourismus Marketing GmbH St. Blasier Land – www.6richtige.com